DES

ORIGINES DE LA PROPRIÉTÉ

Par M. TELLIEZ.

LILLE

IMPRIMERIE L. DANEL.

1878.

DES ORIGINES DE LA PROPRIÉTÉ

Par M. TELLIEZ ,

Lu à la Séance du 1er mars 1878 (1).

L'histoire de la propriété se confond, pour ainsi dire, avec celle de l'humanité. La notion du tien et du mien est aussi vieille que le monde.

A quelqu'âge qu'on se reporte, en effet, on ne comprend pas l'existence de l'homme sans qu'au moins ses armes, ses filets, ses vêtements, ses troupeaux, l'abri qu'il s'est créé, les produits de sa chasse et de sa pêche, lui aient appartenu.

Il semble donc, que, de toute évidence, le droit de propriété ait dû et doive toujours être considéré comme la condition essentielle, non pas seulement de toute organisation sociale, mais même de l'existence humaine ; et, cependant, le principe de la propriété reste contesté.

Mon intention est de rechercher d'abord quelles sont les véritables origines de ce principe.

Après avoir tenté d'établir qu'il est éminemment respectable, je me propose de montrer, dans un deuxième travail, que, généralement reconnu, il varie singulièrement dans des applications, et que c'est en France que la

---

(1) Extrait des *Mémoires de la Société des Sciences, de l'Agriculture et des Arts de Lille*, annnée 1878, tome VI, 4e série.

mise en pratique laisse le moins à désirer. D'où je tirerai
cette conclusion que c'est en France, aussi, que les
atteintes au droit de propriété sont le moins à redouter.

I.

La recherche des origines du droit de propriété est du
ressort des sciences morales, de la philosophie, du droit,
et de l'économie sociale. Elles s'y sont appliqué; mais,
jusqu'au début de ce siècle, leurs systèmes ont été différents et inconciliables avec les principes essentiels de
chacune de ces sciences. J'en conclus qu'aucune de ces
théories n'était vraie. Je tiens pour règle, en effet, que
loin d'être rivales, ni même indépendantes, les sciences
morales sont solidaires et que dans cet ordre d'observa-
tions, comme dans l'observation des phénomènes physi-
ques, il n'est pas de proposition qui doive être admise
comme vraie, si elle blesse aucune des lois indiscutables
propres à chaque science.

Déjà, dans un autre travail, humble disciple de l'économie sociale, j'ai tenté de démontrer que toujours ses
préceptes se justifient au regard de la morale et du droit.
Cette fois encore, j'espère établir que la théorie écono-
mique de la propriété est conforme aux principes les plus
purs des autres sciences morales. S'il en était autrement,
je la jugerais, par cela seul, défectueuse et inadmissible.

Les philosophes et les jurisconsultes ont donné deux
explications du principe de propriété.

Dans la première, le raisonnement est celui-ci :

L'homme est une force essentiellement libre. La Provi-
dence l'a soumis à des besoins et armé de facultés pour
satisfaire à ces besoins. En le plaçant au milieu de la
création, elle a voulu qu'il pût faire tourner à son usage

les choses qui l'environnent. Si, donc, usant de ses facultés, il s'empare le premier de l'un des objets de la création, le respect de sa personne et de sa liberté commande le respect de l'acte lui-même et de son résultat : l'assimilation de la matière à la personne.

La propriété a sa base dans le caractère sacré de la personnalité humaine. Ravir à un homme ce qu'il s'est assimilé par sa libre activité, c'est attenter à sa liberté, à son inviolabilité. Étant admis, en effet, que l'homme a dans ses facultés une première propriété sacrée, il faut admettre qu'il en a une seconde non moins adhérente à son être et non moins sacrée dans le produit de ses facultés.

Ce mode de démonstration ne manque, assurément, ni de grandeur ni de vérité. Mais, propre à expliquer par des considérations élevées, le droit du premier occupant, suffit-il à complètement légitimer le principe de propriété? Je ne le crois pas. C'est aux économistes qu'il a été donné d'y ajouter un complément nécessaire qui justifie, cette fois, sans conteste, le droit de propriété.

Nous y reviendrons après avoir examiné le second système des philosophes et des jurisconsultes.

Celui-là est des plus simples, en apparence ; en réalité, le plus contraire à la vérité, le plus dangereux dans ses conséquences.

Le point de départ est le même que dans le premier mode de raisonnement : Dieu, en plaçant l'homme au milieu de la création, l'en a fait le maître ; mais on ajoute, il a ainsi créé au profit de tous une communauté de biens qui rend chacun des individus co-propriétaire de la totalité de ces biens ; et, si l'un d'eux ou quelques-uns, prennent dans ce tout une part qu'ils s'approprient, ce ne peut être qu'en vertu du consentement des autres, par une convention qui se traduit sous forme de loi. C'est donc la loi seule qui donne naissance à la propriété individuelle.

Dans cet ordre d'idées, on le voit, la propriété ne serait plus de droit naturel, elle n'aurait d'autre origine que le droit civil. Je doute que ceux qui ont ainsi raisonné se soient rendu compte, d'abord, de la distinction qu'il y avait à faire entre le droit naturel et le droit civil, puis des conséquences de leur théorie.

Elle n'est autre, cette théorie, que celle qui consiste à dire qu'il n'y a pour l'homme de droits et de devoirs que ceux qui sont consacrés par le Code civil et le Code pénal. Que l'état social est tout-à-fait d'invention humaine. C'est le contrat social de Jean-Jacques Rousseau, c'est le point de départ des doctrines de Babœuf, de Robespierre et de tous ceux qui prétendent, à leur gré, régler le sort de l'humanité suivant le système que chacun d'eux conçoit.

Une fois, en effet, qu'on admet en principe que c'est le législateur qui *crée* la propriété, il n'y a pas de limite aux combinaisons suivant lesquelles les hommes et les choses peuvent être ordonnés et arrangés par la loi. Il n'y a pas de jour qui ne puisse faire éclore un nouveau système d'organisation sociale. Notre siècle compte parmi les plus célèbres, ceux de Fourier, de Saint-Simon, d'Owen, de Cabet, de Proud'hon, de Louis Blanc, mais il y aurait folie de croire qu'il n'y a que ceux-là de possibles. Chaque matin peut en voir naître de plus séduisants que ceux de la veille, et alors voyez l'embarras si, dès qu'un système prévaut, il s'en révèle tout-à-coup un autre plus parfait, *en apparence*.

Tel serait, pourtant, l'état d'une société partant de ce principe que l'ordre social n'a pour fondement que des conventions, des inventions mêmes et non des lois providentielles, d'éternelle justice, dont les lois humaines ne doivent être que le reflet. Avais-je raison de dire qu'en émettant cette opinion, que la propriété n'a d'autre origine que la loi, ceux qui avaient ainsi parlé ne s'étaient pas rendu compte des conséquences de leur proposition ?

Assurément, la plupart d'entr'eux comptent, et avec raison, parmi les plus grands esprits de leur siècle. Tels : Grotius, Bentham, Montesquieu, Rousseau, Tronchet, Mirabeau et d'autres non moins célèbres que j'omets. Comment donc concevoir qu'ils aient pu commettre une aussi grave erreur que celle qui consiste à prendre l'effet pour la cause, l'apparence pour la réalité. En-dehors même de notre imperfection qui soumet à l'erreur les plus grands génies, voici comment je me l'explique :

A l'époque où vivaient ces écrivains, la propriété était hors de conteste, et l'intérêt de déterminer avec exacti-tude son origine n'apparaissait point. La définition qu'ils en ont donnée, la plupart d'entre eux l'ont faite d'un trait de plume. S'ils avaient pu prévoir qu'un jour viendrait où cet élément essentiel d'ordre social serait remis en ques-tion, comme tous les autres, d'ailleurs, ils eussent davan-tage creusé le sujet et très-probablement découvert la vérité. Car, de leur nombre, si j'en excepte Rousseau (et encore j'hésite pour ma part à le considérer comme absolu dans cette idée que tout dans l'état social est de convention), de ce nombre, dis-je, il en est beaucoup qui ont cru à l'existence de lois providentielles antérieures aux lois humaines. Ils avaient la notion du droit naturel, inné dont les règles sont écrites dans la conscience de l'homme.

Ils reconnaissaient que celui-là est supérieur au droit civil dont il est, pour ainsi parler, le principe, la source, l'origine : a ce point que, suivant une comparaison que vous excuserez chez moi, les lois humaines ne peuvent être au droit naturel que ce que la jurisprudence est au droit civil. Elles peuvent en rechercher, en étendre et en assurer l'application, jamais le violer.

Si donc, je le répète, les éminents esprits dont je viens de parler, eussent mieux compris l'importance qu'il y avait à ne pas commettre d'erreur sur l'origine de la pro-priété, nul doute, à mon avis, que par un examen plus approfondi, ils eussent reconnu qu'elle est de droit naturel. Ce qui témoigne du peu d'importance qu'ils attachaient à cette question, c'est qu'on ne voit nulle part que la discussion se soit engagée sur les deux principes si différents mis en présence à une époque, pourtant, où l'esprit de lutte et le choc des opinions (d'où jaillit la lumière) étaient si fréquents, c'est qu'alors ni philosophes, ni juristes, ni économistes ne se doutaient des conséquences que l'on s'efforcerait de tirer des prémisses posées.

Les événements ont dépassé leurs prévisions et aujourd'hui c'est une question d'intérêt supérieur, fondamental, que celle qui se résume ainsi :

La propriété est-elle de droit naturel ou de droit civil?

Si elle est de droit civil, il appartient au législateur de la maintenir, ou de la supprimer. Si elle est de droit naturel, les lois civiles ne peuvent que se borner à la garantir, à lui assurer le meilleur fonctionnement possible, en respectant toujours le principe lui-même.

Vidons à fond le débat, il en vaut la peine.

Il n'est guère de constitution, aujourd'hui, qui ne mette en tête de ses principes :

« *La propriété est inviolable et sacrée.* »

Pourquoi? Parce qu'il est si vrai que la propriété est antérieure à toute loi, qu'elle est reconnue même parmi ceux qui n'ont pas de loi : ainsi un homme, un sauvage, si vous voulez, s'est construit une hutte, un autre sauvage vient l'en chasser. D'instinct, tous ceux qui seront les témoins de cet acte le considéreront comme un attentat et tendront à le réprimer. C'est en vue de cette répression que se formera la loi qui met la force publique au service de la propriété. C'est donc la loi qui naît de la propriété et non la propriété de la loi.

Il est tellement de droit inné, d'institution divine, le principe du tien et du mien, que nous le reconnaissons même au profit des animaux. Qui de nous, en effet, en voyant un oiseau s'emparer du nid d'un autre oiseau n'y verra une spoliation ?

La plante elle-même ne peut vivre qu'en s'appropriant les substances, les sels, les gaz qui sont à sa portée, et il suffit d'y faire obstacle pour qu'elle meure.

De même l'homme ne peut vivre que par l'appropriation. Supprimez ce phénomène nécessaire à sa vie et lui aussi mourra. Tout ce qui existe est soumis à des besoins, à la nécessité d'y satisfaire sous peine de mort. Lorsque donc, obéissant à la loi du besoin je me suis assimilé, approprié une substance quelconque, la raison que Dieu a mise en nous, la conscience, ne disent-elles pas que c'est à mon profit et non à celui d'un autre que cet acte doit d'être accompli ?

D'où l'expression *propriété*, c'est-à-dire un droit propre, privatif au regard d'autrui.

Mais, à ce droit il faut une sanction; pour l'avoir, la rendre sûre, efficace, on se concerte, on adopte une résolution commune qui consiste à mettre la force de tous au service du droit de chacun. C'est donc la loi qui est de convention et non le droit qu'elle consacre.

Je crois avoir démontré que la propriété est de droit naturel, antérieure à la loi civile qui ne fait que la réglementer. Abordons maintenant la théorie des économistes. Elle est propre à satisfaire toutes les intelligences droites et à ne laisser aucun doute dans l'esprit de personne. Qu'il s'agisse de n'importe quel genre de propriété, foncière, mobilière, intellectuelle, artistique, elle établit que toutes ont une même origine et droit au même respect.

Des deux systèmes que nous venons de mettre en présence, les économistes ne repoussent pas complètement le premier, seulement ils lui veulent un complément qu'ils posent comme nécessaire.

Ils réprouvent énergiquement le second qui consiste à ne voir dans la propriété qu'une création de pure convention.

Dans le premier, le principe de propriété repose sur le droit du premier occupant. A cet égard il faut s'entendre et suivant que le fait de l'occupation première sera plus ou moins caractérisé, cette théorie se rapprochera ou s'éloignera de celle des économistes. Ils posent eux comme principe que la propriété ne peut pas résulter d'un fait accidentel, abstrait, souvent même de hasard, comme celui d'une occupation première dans le sens le plus habituel des mots, qu'il lui faut une origine plus noble et plus légitime : *le travail*. Je m'explique :

Pour qu'il y ait propriété fondée sur le droit du premier occupant, suffit-il, par exemple, que dans une contrée vierge un homme ait étendu la main sur un espace de terrain, en disant : « Ceci est à moi. » Avec les économistes, je le conteste, et cela ne serait pas plus décisif, à mon sens, que si au lieu de désigner du geste le terrain, il eut désigné un oiseau volant dans l'espace. Pour que l'oiseau lui appartienne, il faut qu'à l'aide d'un effort il s'en soit emparé et ait ainsi créé à son profit une valeur que n'avait point l'oiseau à l'état de liberté. De même pour que, légitimement, la terre lui appartienne, il faut qu'il l'ait ou cloturée, ou défrîchée, ou desséchée, ou nivelée, qu'il lui ait enfin donné une valeur qu'elle n'avait point. Placée en-dehors de l'action humaine, elle n'en avait aucune (de valeur), pas plus que l'oiseau lorsqu'il vivait dans l'espace. Pour l'oiseau comme pour la terre, l'appropriation ne peut s'accomplir que par la mise en œuvre des facultés de l'homme en vue de les assujettir à ses besoins : *par le travail*.

Cela étonne au premier abord et a besoin d'être démontré, surtout pour la propriété foncière à laquelle, dans le sens usuel des mots, on attache une valeur et même une grande valeur qu'elle aurait par elle-même, sans travail humain. Hâtons-nous de le dire, cela vient d'une confusion entre la valeur et l'utilité. L'utilité est l'œuvre de Dieu, la valeur est d'œuvre humaine.

Œuvre de Dieu, l'utilité ne s'évalue pas, la peine de l'homme est seule susceptible d'évaluation, seule elle peut créer la valeur et la propriété.

Reprenons notre exemple :

Un homme a étendu la main sur une étendue de terrain en disant : « Ceci est à moi, » et puis c'est tout, il n'a rien fait de plus. Vient un autre homme qui, lui aussi, a conçu le dessein d'occuper ce terrain et se dispose à s'y établir. « Vous voulez cette terre, dit le pre-
» mier, soit, elle est à moi et vous allez me l'acheter.
» —Vous acheter, quoi ? répond le nouvel arrivant ; votre
» geste et vos paroles, car enfin c'est la seule chose que
» vous ayez faite et qui, par conséquent, soit à vous.
» Merci, j'aime mieux en faire autant et m'établir sur
» l'espace voisin. » Et si à la prétention du prétendu propriétaire, par seule intention première, il opposait une prétention contraire, serait-il coupable devant sa conscience et celle des autres ?

Tout autre serait l'état des choses si le premier arrivé avait ou cloturé, ou défriché, ou assaini ce terrain, ou y avait établi des constructions et je rétablis le colloque :
« Vous voulez, dit le premier au second arrivant, la
» propriété de ce terrain, soit, pour le mettre en l'état où
» il est j'ai dépensé cent journées de travail, donnez-moi
» cent autres journées, ou leur représentation en services
» quelconques, et je vous cède *ma* terre. »

Sur ces bases qu'il trouve justes, le nouvel arrivé traite. Est-ce bien la terre qu'il a achetée ? Je ne le crois pas. N'a-t-il pas eu plutôt en vue la rémunération des services incorporés à cette terre ? Vous allez en juger :

Supposons qu'après avoir dit : j'ai dépensé sur *ma* propriété cent journées de travail, vous allez me les rembourser ; le vendeur ajoute : vous me donnerez en outre cent autres journées pour le sol lui-même. Que répondra l'amateur ? « Mais le sol, il n'est pas votre œuvre, il est
» celle de Dieu ; il ne vous a rien coûté, pourquoi vous le

» paierais-je. Votre prétention est injuste, m'y soumettre
» serait une sottise ; je préfère m'établir sur une terre nue
» et y faire ce que vous avez fait, j'économiserai ainsi les
» cent journées de travail que vous me demandez injuste-
» ment, ou m'adresser à un vendeur plus honnête. »

Nue, exempte de tout travail humain, la terre n'a aucune valeur par elle-même, pas plus que l'oiseau qui vole
dans l'espace, le poisson qui nage dans la mer, les métaux
ou le minerai cachés dans les entrailles du sol, elle n'en
aura que lorsque l'homme lui aura apporté un contingent
de services en échange desquels il pourra demander d'autres services.

Ce n'est que par une fausse et vicieuse interprétation
qu'on s'imagine que les mots *propriété, valeur,* ont leur
substance, leur raison d'être dans l'objet auquel ils s'ap-
pliquent. En-dehors de l'idée d'échange de services et des
rapports d'homme à homme, ces mots n'ont aucun sens
possible. Ainsi pour l'homme vivant isolé, ces expres-
sions n'ont par leur raison d'être, parce qu'elles ne répon-
dent à rien ; il n'y a pour lui ni propriété ni valeur possible. Robinson a, dans son île, pêché, chassé ; il a
pris à la rivière de l'eau qu'il a apportée dans sa hutte.
Cette eau, le gibier, le poisson, dont il s'est approvi-
sionné, ont pour lui de l'utilité, ils n'ont pas de valeur,
ne lui sont pas propres à l'exclusion d'autrui.

Et, en effet, à qui pourrait-il dire : Ne touchez pas à
ce gibier, à ce poisson, à cette eau, ils m'appartiennent ;
ou bien, rendez-moi un service équivalent à la peine
qu'ils m'ont coûtée, et je vous les cède. Il y a là une
preuve de la distinction très-vraie existante entre l'utilité gratuite et l'utilité née d'un service humain, distinction propre à faire comprendre que dans le rouage social,
ce n'est pas ce qui vient de Dieu qui constitue la propriété, ni la valeur, mais seulement ce qui vient de
l'homme.

L'homme ne peut rien créer, donc il n'a aucun droit

sur la matière proprement dite et, en réalité, aucun de ses semblables ne consentira jamais à lui reconnaître un droit de cette nature, quelque puisse être le degré d'utilité de la substance en elle-même sur laquelle se porte son effort. Si grande qu'elle puisse être (cette utilité), elle ne peut créer aucun droit à son profit, son droit ne peut porter que sur ce qu'il a produit, c'est-à-dire sur l'utilité *onéreuse* qu'il ajoute à l'utilité *gratuite* préexistante. C'est à cela seul qu'obéissent la valeur et la propriété.

L'homme produit en allant chercher à la rivière de l'eau qu'il portera au domicile du consommateur. Ce qu'on lui achètera, ce n'est point l'eau qui est à tout le monde, que chacun peut prendre à la rivière, c'est le service qu'il a rendu en la portant là où le besoin d'eau se faisait sentir. Les deux sous par seau représentent un autre service qu'a lui-même rendu le consommateur. Service contre service, il n'y a pas autre chose dans le rouage social.

Que si le porteur de l'eau en demande un prix trop élevé, le consommateur préférera l'aller chercher lui-même à la rivière que de donner plus que le service rendu, ou la représentation d'un service équivalent. Et ce qui est vrai au regard du porteur d'eau l'est au regard du chasseur, du pêcheur, du défricheur (si on veut bien me passer cette expression). Aucun d'eux n'a créé ni l'eau, ni le gibier, ni le poisson, ni la terre. Qu'ils les gardent, les consomment ou les échangent, ils n'y trouveront jamais autre chose que la rémunération de leurs services ; s'ils les gardent ou les conservent, ce que leur coûte la satisfaction éprouvée, c'est la peine qu'ils se sont donné pour l'obtenir ; s'ils les échangent, c'est encore cette peine seule qui servira de terme de comparaison.

Et cependant on insiste tant est forte l'opinion préconçue que la propriété foncière est privilégiée par son origine et sa nature.

Pour l'origine, « la peine, dit-on, n'est pas proportionnée aux avantages. » Pour sa nature « elle ne se consomme pas, ne périt pas, elle est éternelle, elle donne des produits annuels, et on peut même, sans la cultiver soi-même, s'en faire des rentes. »

Tout d'abord, de ce qu'un genre de propriété semble préférable à un autre, est-il par cela même moins légitime? Assurément non, il l'est au contraire davantage, s'il est plus profitable au bien public, et c'est le cas de la propriété foncière.

Examinons pourtant ces objections, je veux ne rien laisser dans l'ombre et dissiper, sans qu'il puisse subsister même un doute, une prévention que je crois aussi injuste que dangereuse.

La peine n'est pas proportionnée aux avantages ?

Ils en ont parlé à leur aise, ceux qui trouvent qu'il y a peu de mérite à s'approprier la terre, et je crois certain qu'ils n'ont pas tenu à s'assurer par expérience personnelle de la vérité de cette assertion. Approprier la terre nue, savent-ils ce que cela comporte de peines et de labeurs? La terre nue, c'est la ronce et le reptile, c'est le marécage pestilentiel, c'est la souffrance sous les formes les plus pénibles pour ceux qui entreprennent de la soumettre à la puissance humaine. Desséchements, défrichements, épierrements, nivellements, clotures, accroissement de couches végétales, batisses, tels sont les œuvres de ceux qui d'une terre inculte font la terre appropriée. On dit que c'est la terre qui fait le propriétaire, il serait plus juste de dire que le propriétaire ne l'est devenu qu'après avoir fait la terre, non sans doute en tant que matière, mais comme moyen de production. Ce fut si peu un privilège de s'approprier la terre nue que je considère les prétendus *usurpateurs* de la terre plutôt comme les martyrs que comme les privilégiés de la propriété. J'affirme qu'il n'y a pas un champ, même en France, qui puisse s'échanger contre autant de services qu'il en a coûté pour être mis à l'état de productivité où il se trouve.

Loin de maudire ceux qui se livrent à cette œuvre, je tiens que c'est par des encouragements et des primes qu'on devrait les soutenir et les récompenser.

Usurpation, a-t-on dit, mais on n'usurpe que ce qui appartient à autrui, et puis, où voit-on que la terre inculte fasse défaut à l'audace de nouveaux usurpateurs. En France même, que de marais à assainir, de landes à défricher.

En Amérique, on en offre d'immenses étendues à un dollar et même à un schelling l'acre. Et ce qui représente la valeur du dollar et du schelling, ce n'est pas la terre, c'est la protection, ce sont les routes, les services publics. En-dehors de tout cela, la terre en elle-même n'aurait pas un schelling de valeur, fut-elle d'une incomparable fertilité.

Celui-là qui se rend compte de la quantité d'efforts, de fatigues, de sueurs sans cesse renouvelés qu'il a fallu et qu'il faut pour maintenir chaque terre cultivée à son état de moyen de production, reste bien convaincu que celui qui l'achète ne donne pas service pour service. La valeur de la terre ne diffère de la valeur des autres biens, qu'en ce qu'elle est plus chèrement créée.

Voyez le sort des émigrants, de tous ceux qui, séduits par les avantages que l'on croit attachés à la propriété foncière, se transportent dans des contrées vierges pour s'y faire les pionniers de la culture ; que de souffrances les y attendent, que de labeurs et souvent de déceptions. Il n'est pas une relation de voyages qui ne dise que de toutes les entreprises humaines, celle-là est la plus dure, sinon la plus ingrate.

Et puis une fois la terre créée comme instrument de production, suffit-il d'attendre les résultats de ce premier travail pour chaque année en recueillir les fruits ? De toutes les sources de production, il n'en est pas de plus prête à tarir. C'est entre la terre et l'homme un combat sans cesse renouvelé, et, loin que cette propriété soit privilégiée par sa nature, il n'en est pas de plus rebelle.

Mais, dit-on encore, comment la terre a-t-elle une valeur si variable et atteint-elle en certains points des prix si élevés. En Sologne, elle vaut à peine 300 fr. l'hectare, tandis qu'elle vaut 6,000 fr. en Flandre et dans les grandes villes jusqu'à 500 fr. le mètre carré ? C'est, indépendamment de la valeur intrinsèque, une question d'offre et de demande qui s'applique à tout. Quand je dis que la valeur a son principe dans un service rendu, je n'entends nullement que toujours aussi la valeur est proportionnée à l'intensité de l'effort. Il faudrait pour cela méconnaître les lois les plus élémentaires des rapports humains. La valeur comme la propriété ne peut naître que d'un service, mais le quantum de la valeur suppose nécessairement d'abord l'idée d'échange, puis la comparaison des services à échanger et mille circonstances peuvent influer sur cette évaluation.

Voici un champ où j'ai jeté chaque année, outre une grande somme de travail, une quantité considérable d'engrais, il en résulte un accroissement de valeur. En outre, les routes se rapprochent, les débouchés s'étendent, les produits demandés sont plus nombreux, plus variés, plus chers. Enfin, un riche capitaliste veut ma terre à tout prix. Nouvelles sources d'accroissement de valeur. Il n'y a dans tout cela ni injustice, ni exception en faveur de ma propriété. L'action et la réaction de la prospérité ou de l'appauvrissement de tous sur chacun, c'est, ainsi que le dit Bastiat, la loi des harmonies économiques. Dans un milieu riche, le prix de la terre s'élève, il s'abaisse dans un milieu pauvre. Les mêmes raisons qui me feront vendre plus cher ma propriété parce qu'elles lui donneront plus de valeur, donneront aussi plus de valeur aux services de l'avocat, du médecin, du professeur, du manœuvre. La simple cession d'une clientèle donnera la même augmentation de prix que celle de ma terre.

La terre ne se consomme pas : mais rien dans ce monde ne se consomme. L'homme peut modifier, transformer, ajouter de l'utilité, il ne peut rien créer ni rien détruire. A la vérité l'oiseau se mange, tandis que la terre ne se mange pas. Mais il pourrait aussi (l'oiseau) être conservé pour la production des œufs ou pour la multiplication de son espèce. Ce sont là des différences d'utilisation qui peuvent être à l'avantage soit de l'oiseau, soit de la terre, suivant le point de vue auquel on se place, sans qu'on puisse rien en induire au point de vue de la légitimité du droit de propriété dont ils peuvent être l'objet. L'oiseau donne des revenus, si on le garde, comme la terre, pourvu qu'on le soigne et qu'on le nourrisse comme il faut soigner et même nourrir la terre. Il meurt (l'oiseau), mais avant de mourir il peut se multiplier; tandis que la terre ne se multiplie pas. Comme la terre aussi il peut donner des rentes, si le propriétaire, au lieu d'en conserver la possession, en fait profiter un autre moyennant un prix librement débattu. On peut louer une machine, un animal, un meuble, un livre, que sais-je, comme on fait d'une terre.

La différence, je ne la trouve nulle part.

Je me résume :

Des systèmes que j'ai analysés, il n'en reste, en réalité, que deux en présence. L'un qui donne pour origine à la propriété la loi; l'autre qui lui donne pour fondement l'occupation complétée par le travail.

La conséquence logique du premier système, c'est d'offrir aux novateurs un champ sans limites. Dans un pays où il prévaudrait, toute propriété pourrait être chaque jour remise en question. Pendant toute la durée des recherches du meilleur mode de créer le meilleur monde possible, toutes les sources de production : l'agriculture, le commerce et l'industrie seraient arrêtés dans leur marche. Quel est l'homme, en effet, qui, ne sachant où la loi le placera demain, mettrait au service de la production son capital et ses bras.

Dans le système opposé, c'est le travail qui fonde la propriété, et la loi n'a d'autre mission que de la faire respecter. Le droit pour chacun d'exercer ses facultés comme il l'entend et de jouir du fruit de son travail, c'est le respect de la personnalité humaine, c'est la liberté. C'est la sécurité à l'abri de laquelle se forment les capitaux, sources de richesses. C'est la paix sociale, c'est le lien de famille. Quoi de plus énergique pour solliciter l'activité et donner l'esprit d'épargne que la certitude pour le père de pouvoir transmettre à ses enfants les biens qu'il a su acquérir. Oter enfin la propriété permanente et même seulement en contester la légitimité, c'est briser ou affaiblir le ressort le plus puissant du progrès humain.

Le principe de propriété désormais établi sur la base que je crois la seule vraie, il me reste à examiner comment il a été réglé dans ses applications par la loi française, depuis la Révolution de 1789.

Cette seconde partie de mon travail ne comporte pas les développements auxquels je me suis laissé entraîner dans la première, et je n'y reprendrai que ce qui me paraît utile pour démontrer que le régime actuel de la propriété en France est plus propre à rassurer les esprits, qu'à les inquiéter sur notre état social.

Lille-Imp. L. Danel.

www.ingramcontent.com/pod-product-compliance
Lightning Source LLC
Chambersburg PA
CBHW071345290326
41933CB00040B/2442